This Coloring Book Belongs to:

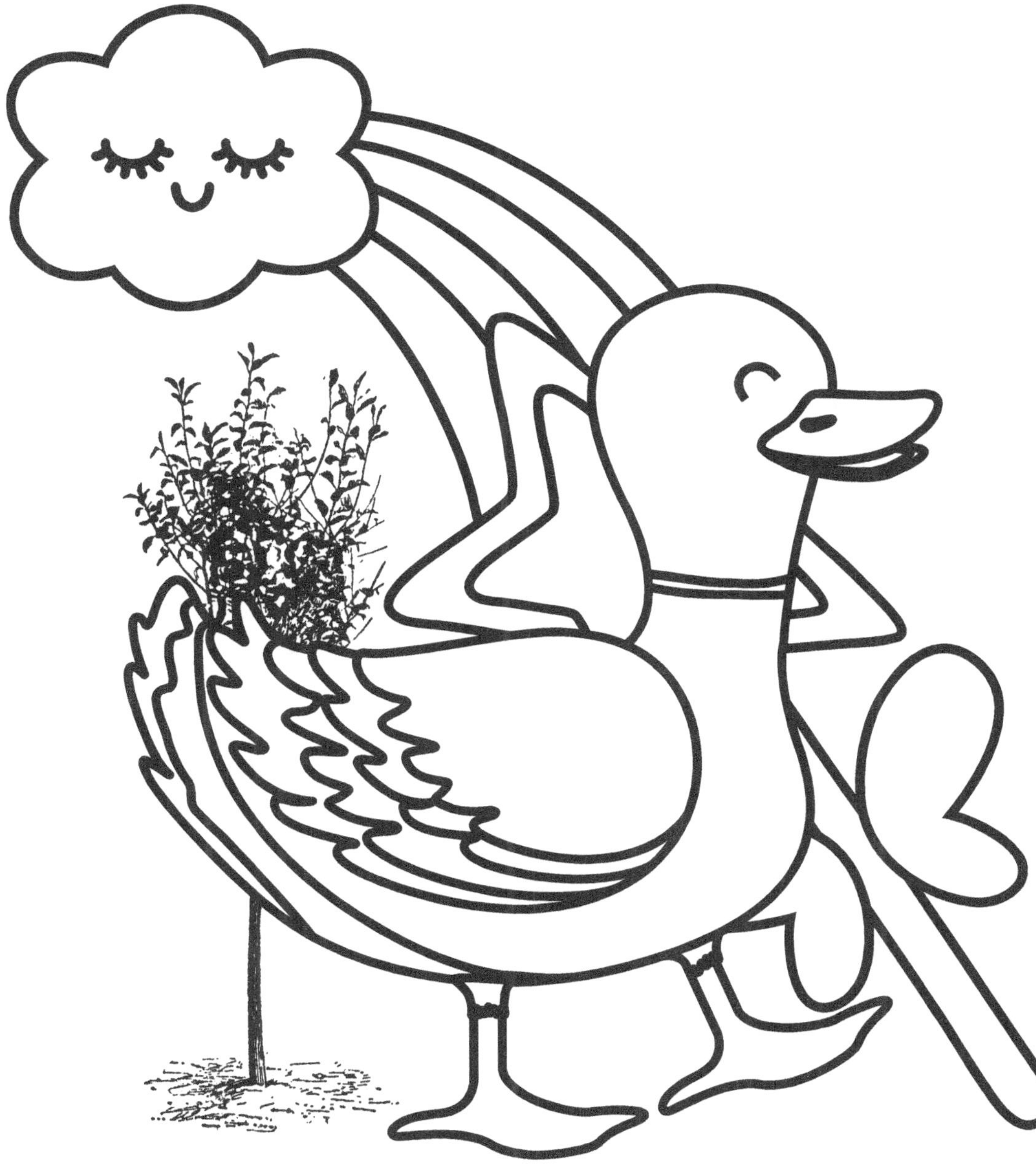

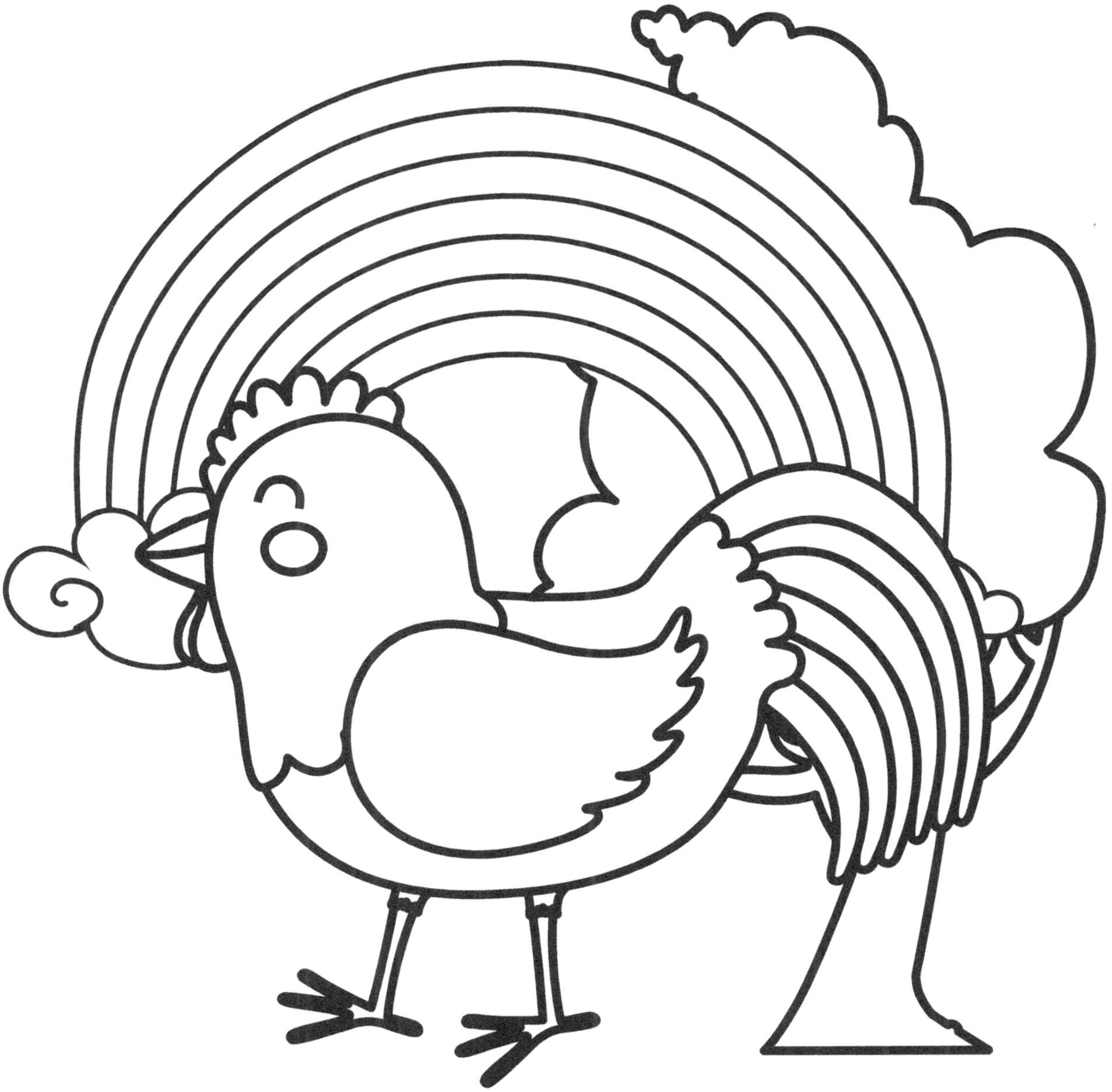

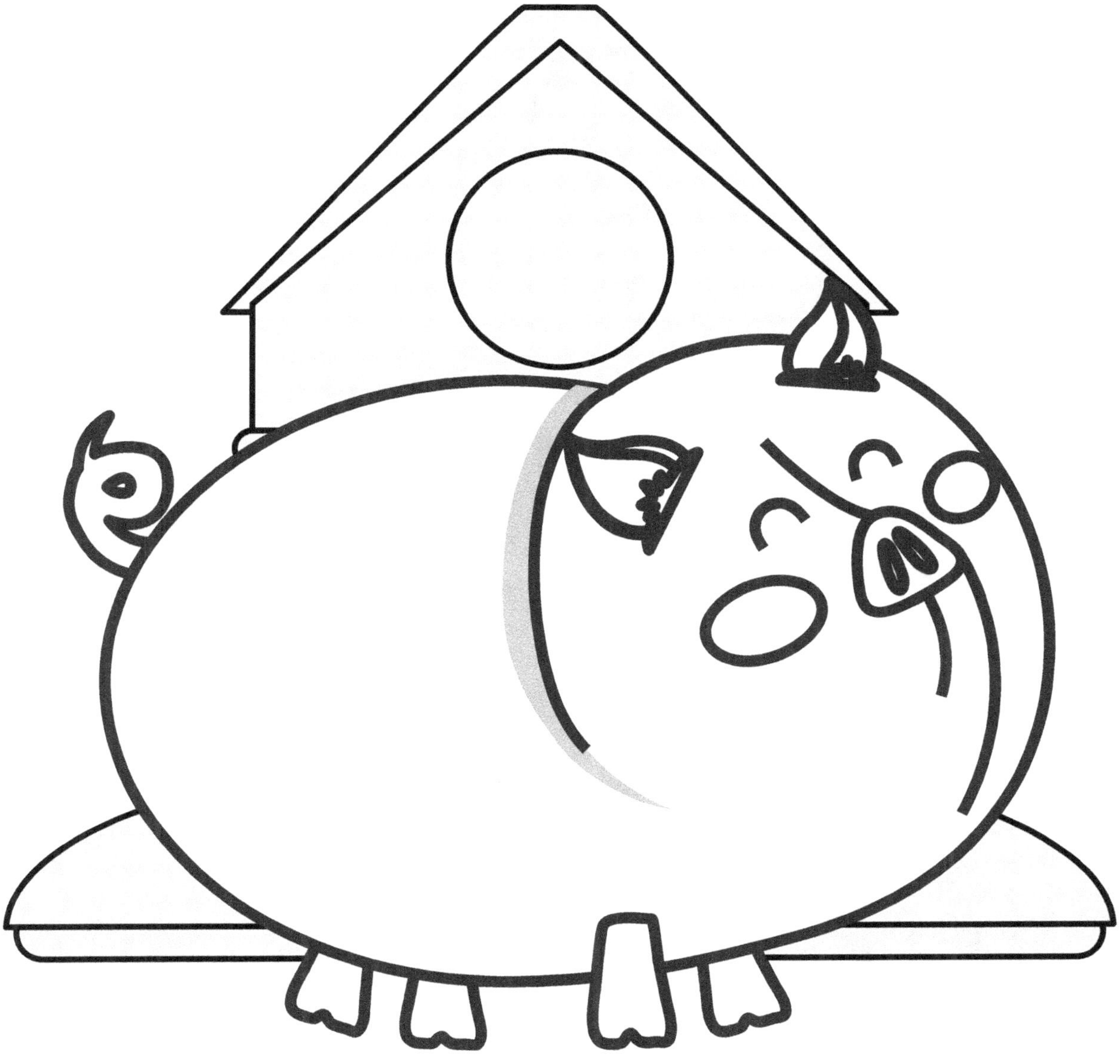

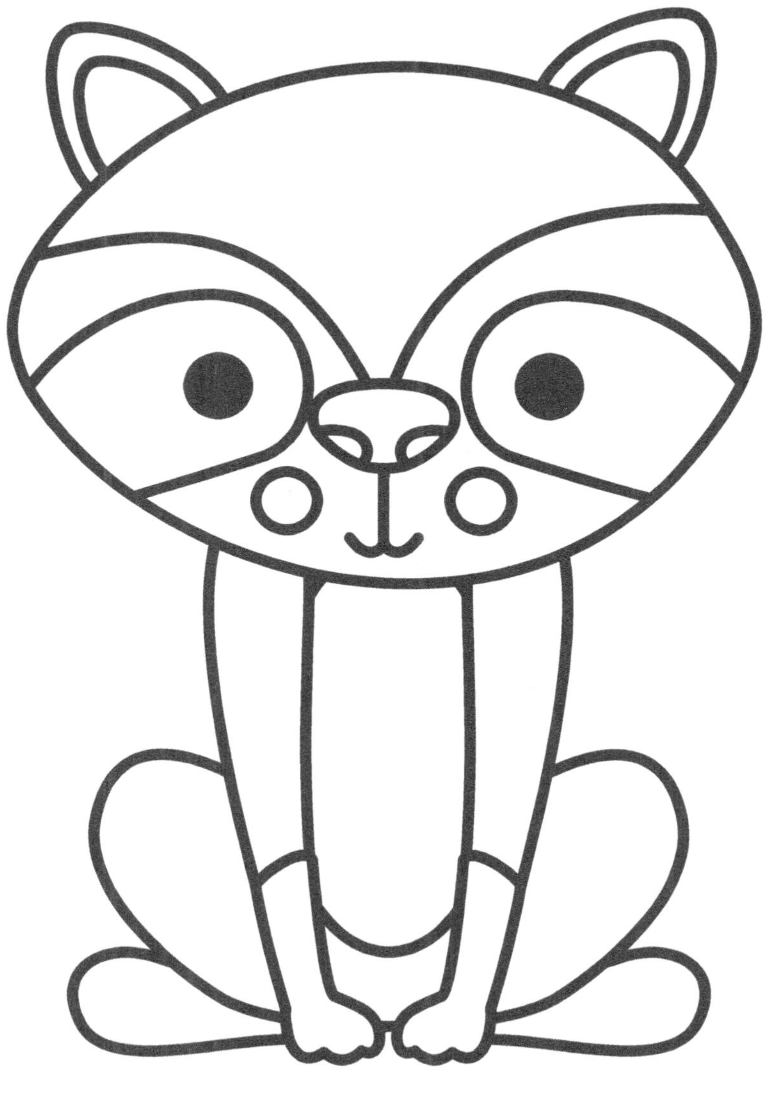

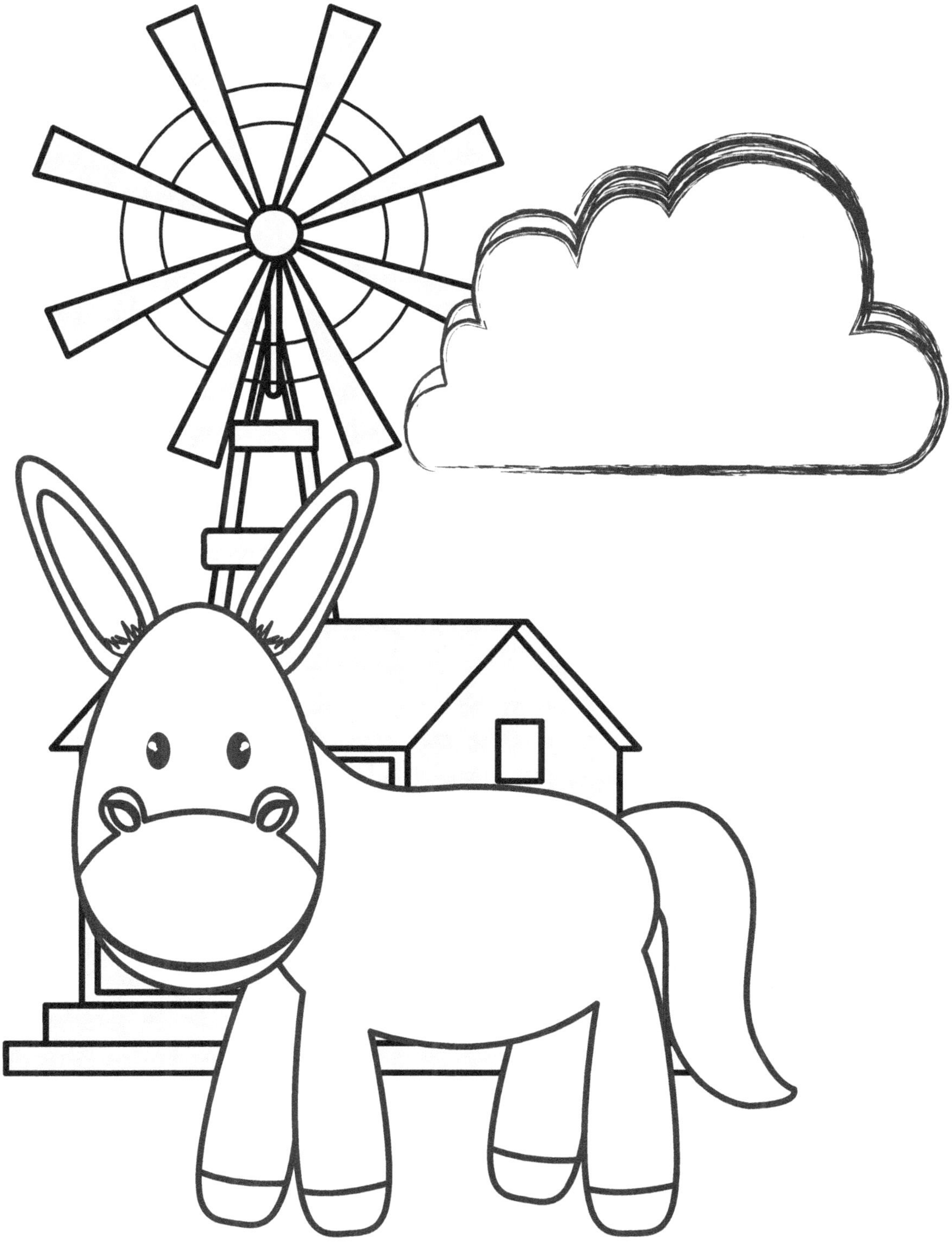

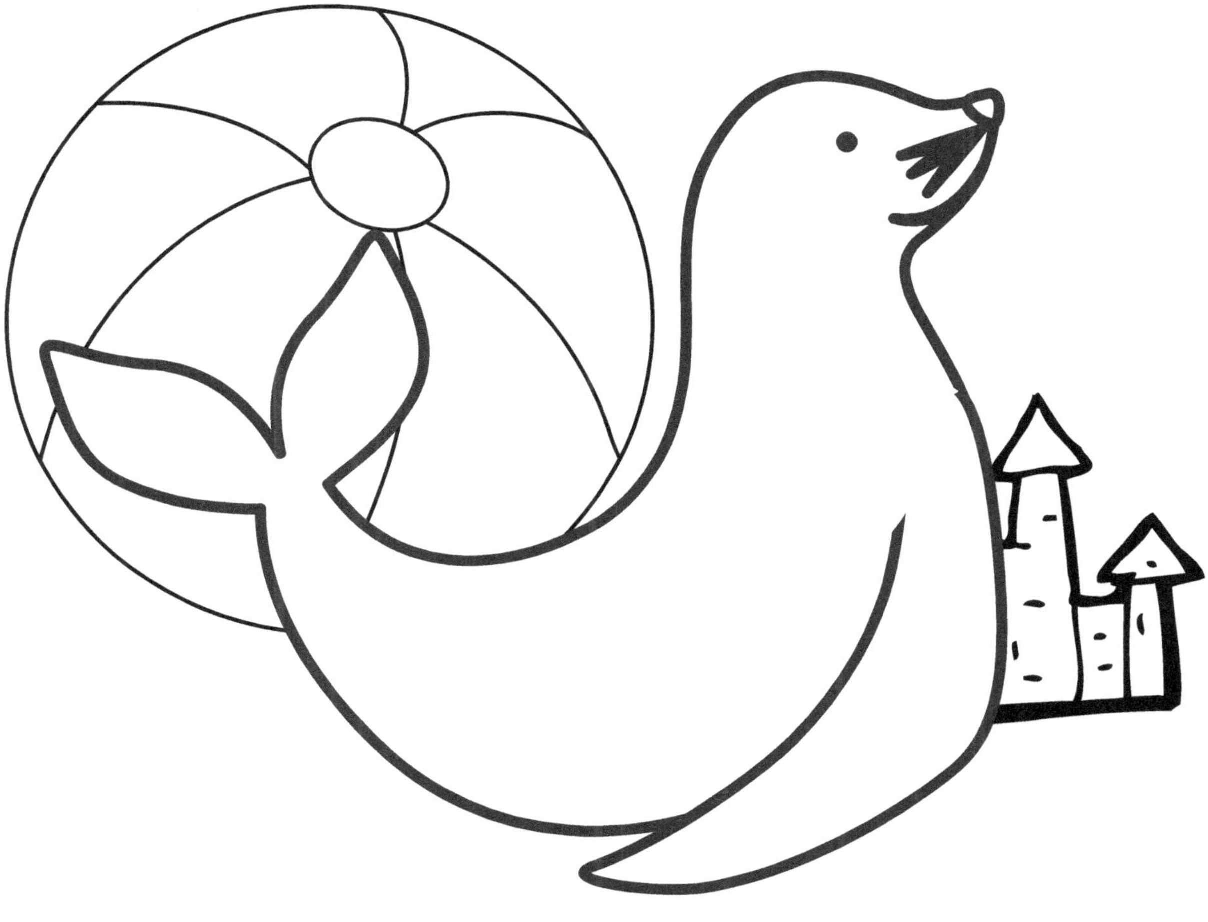

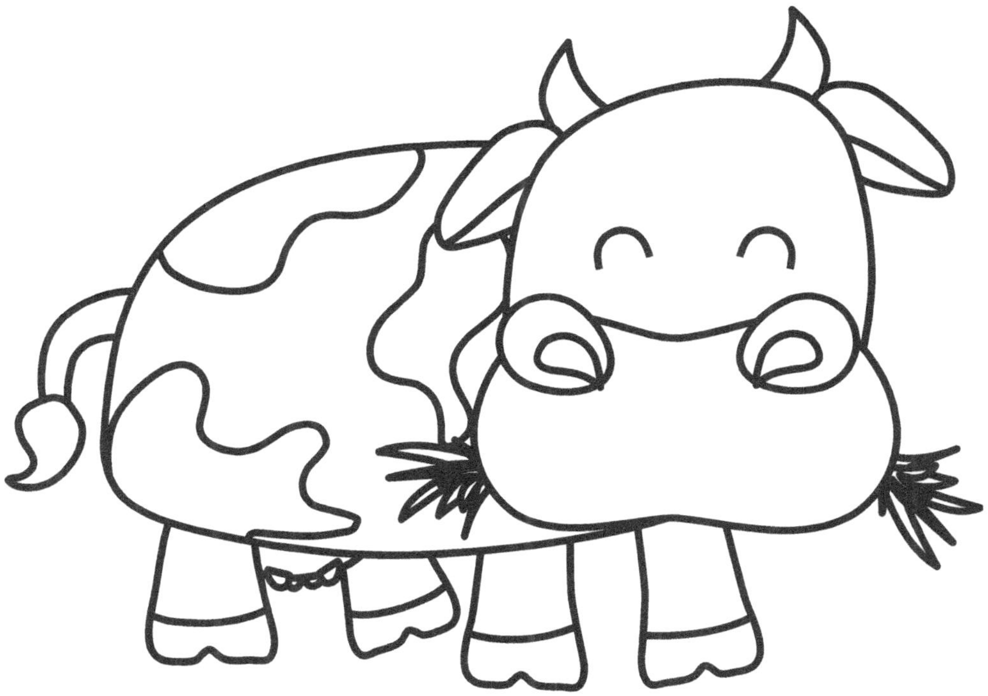

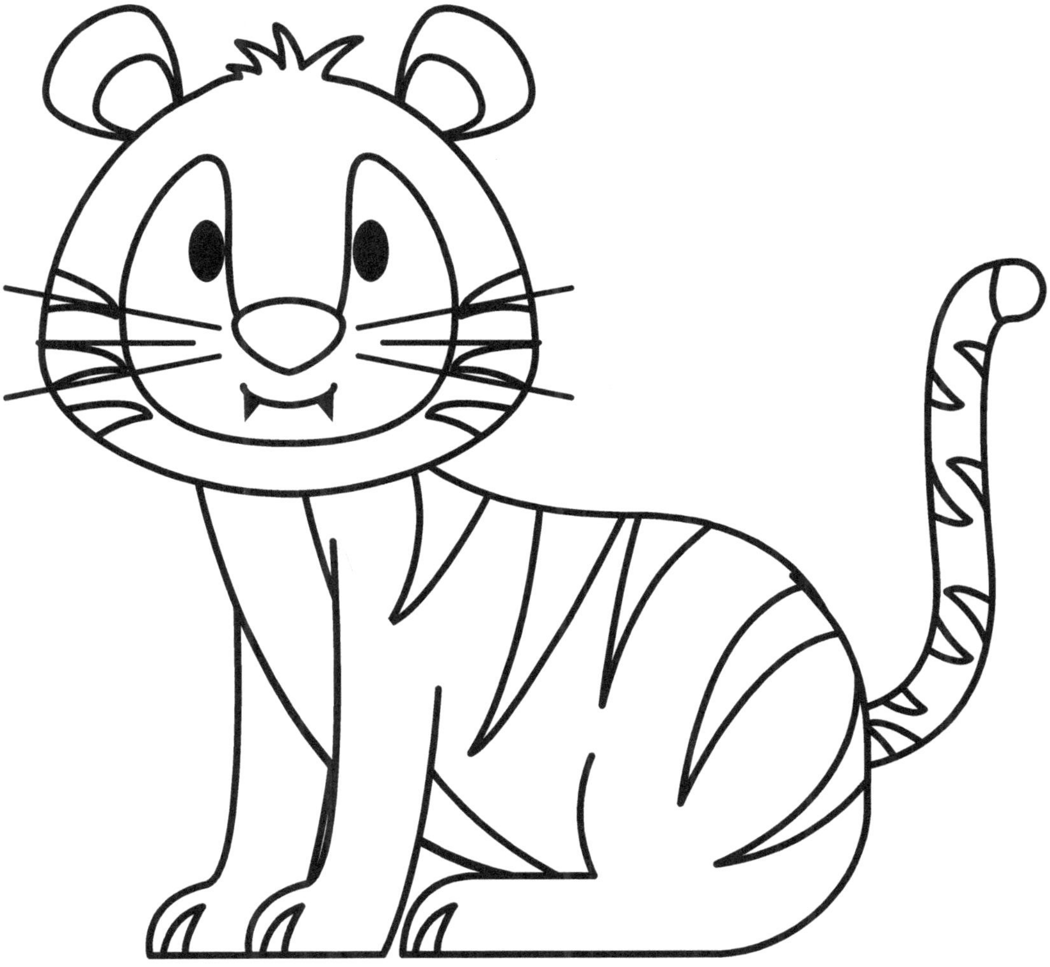

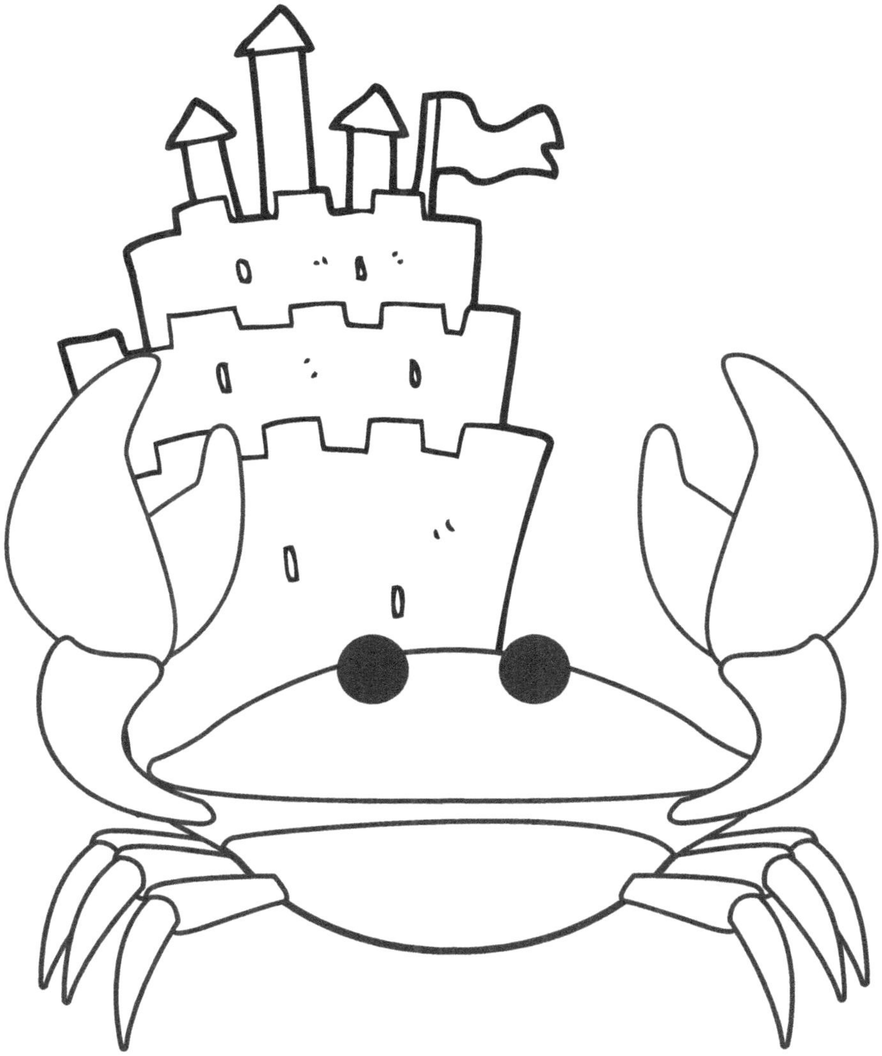

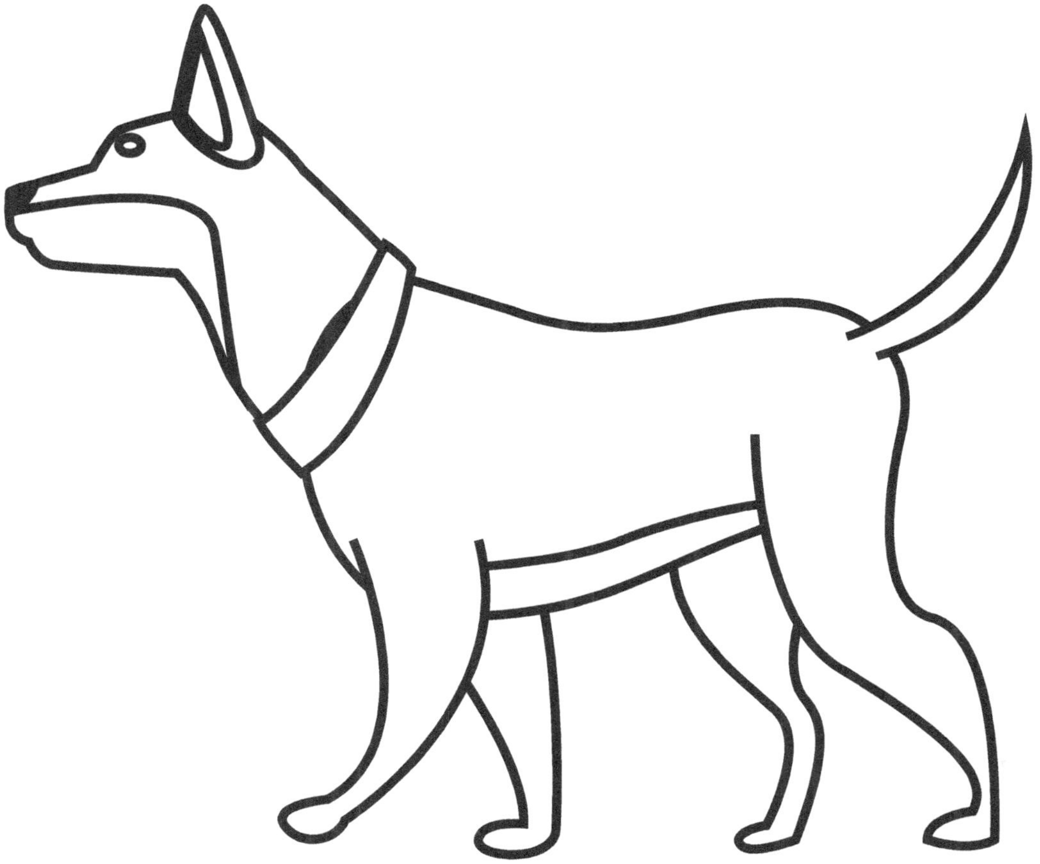

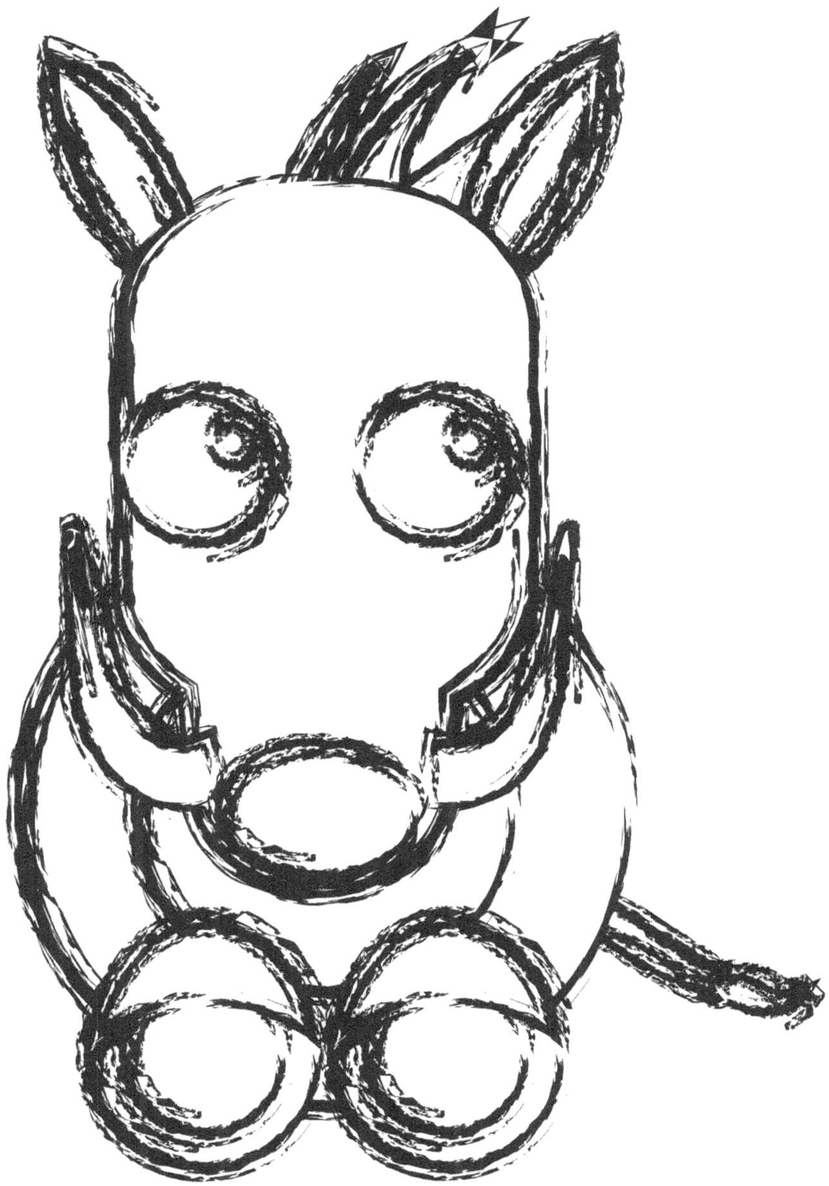

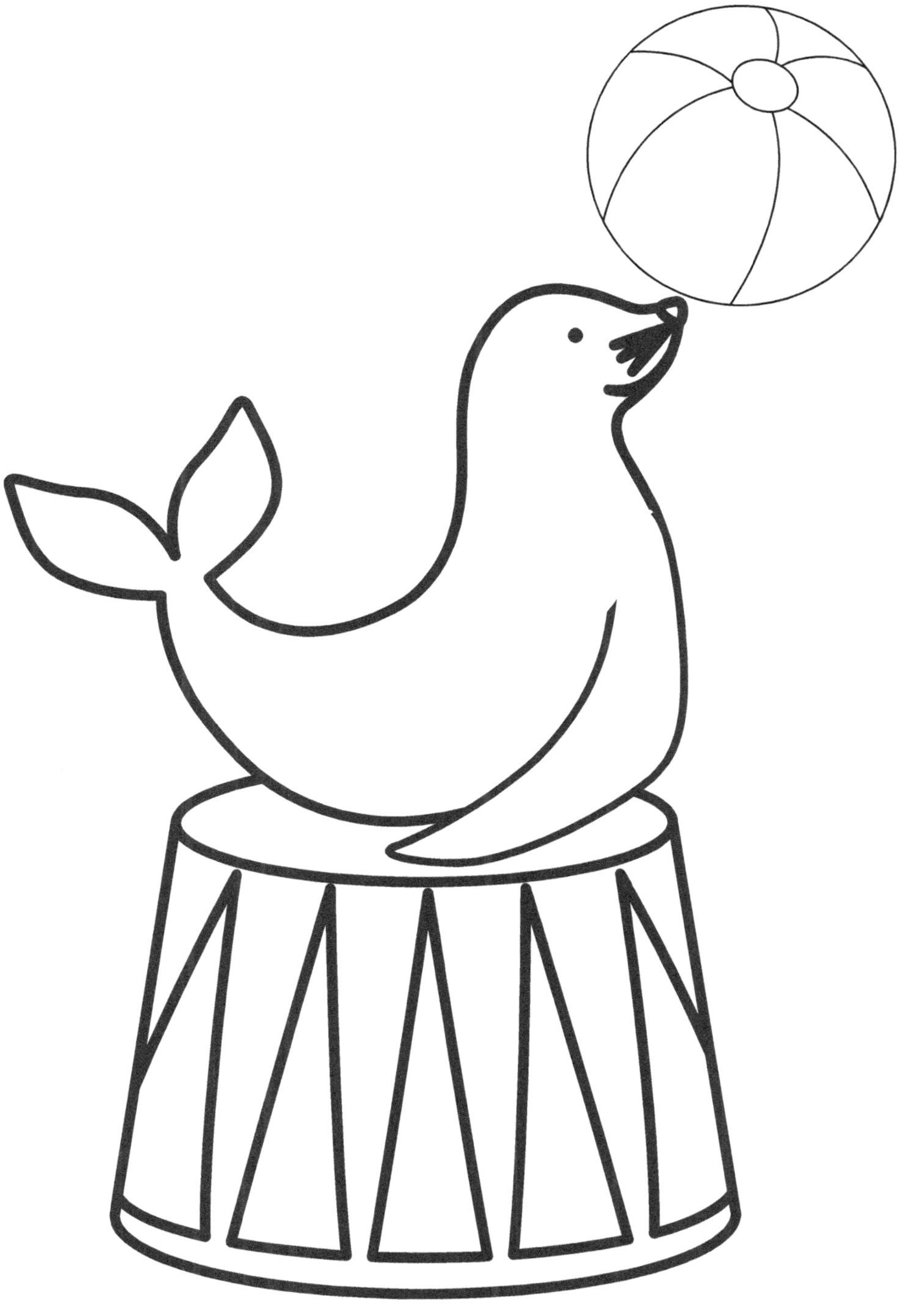

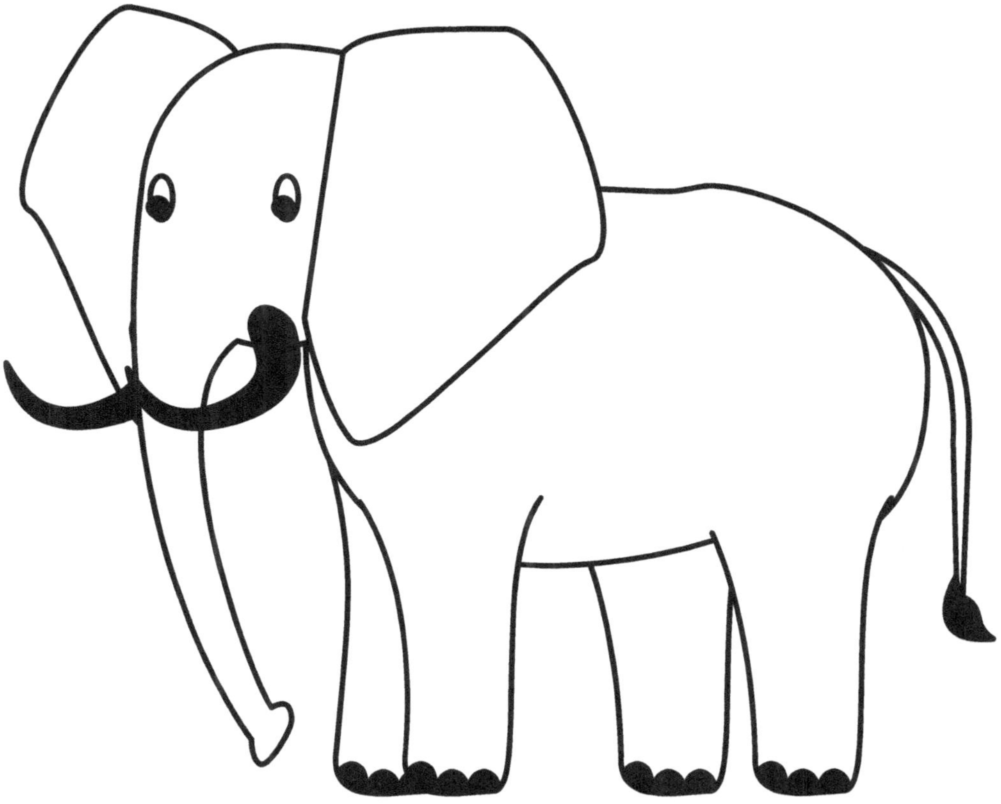

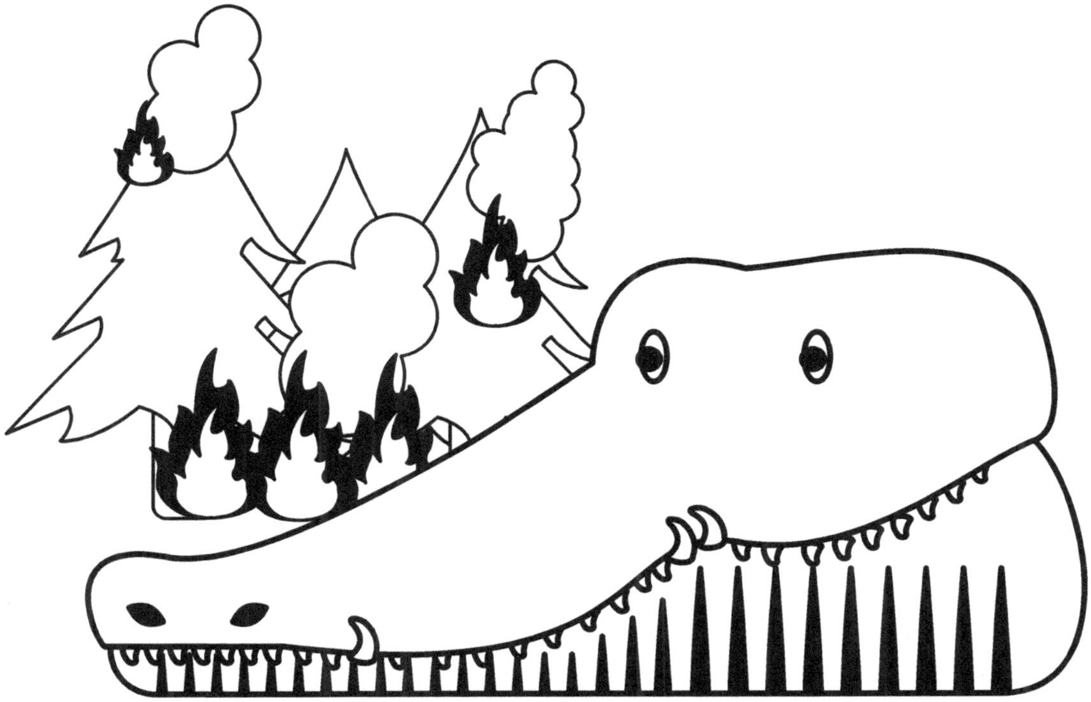

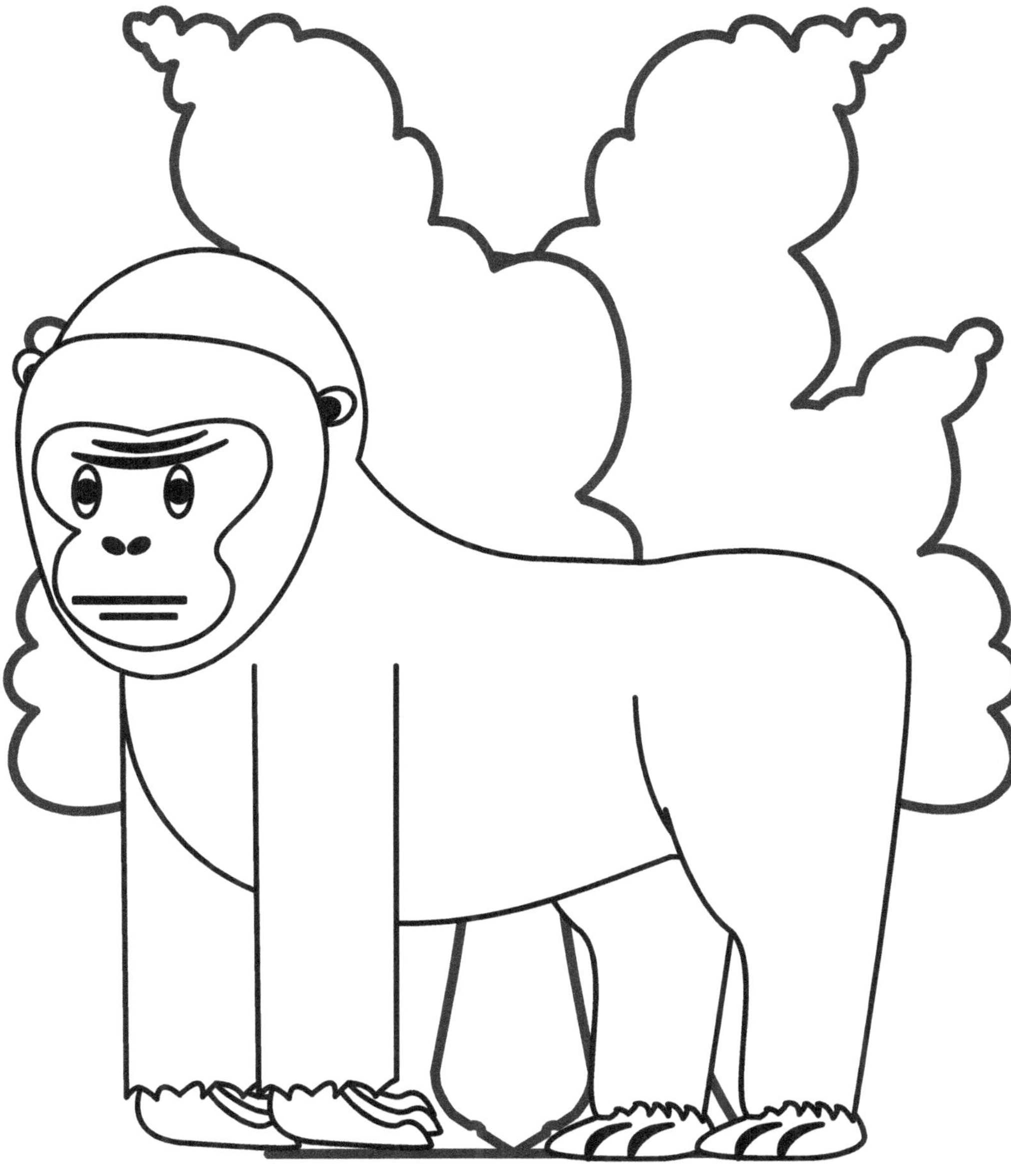

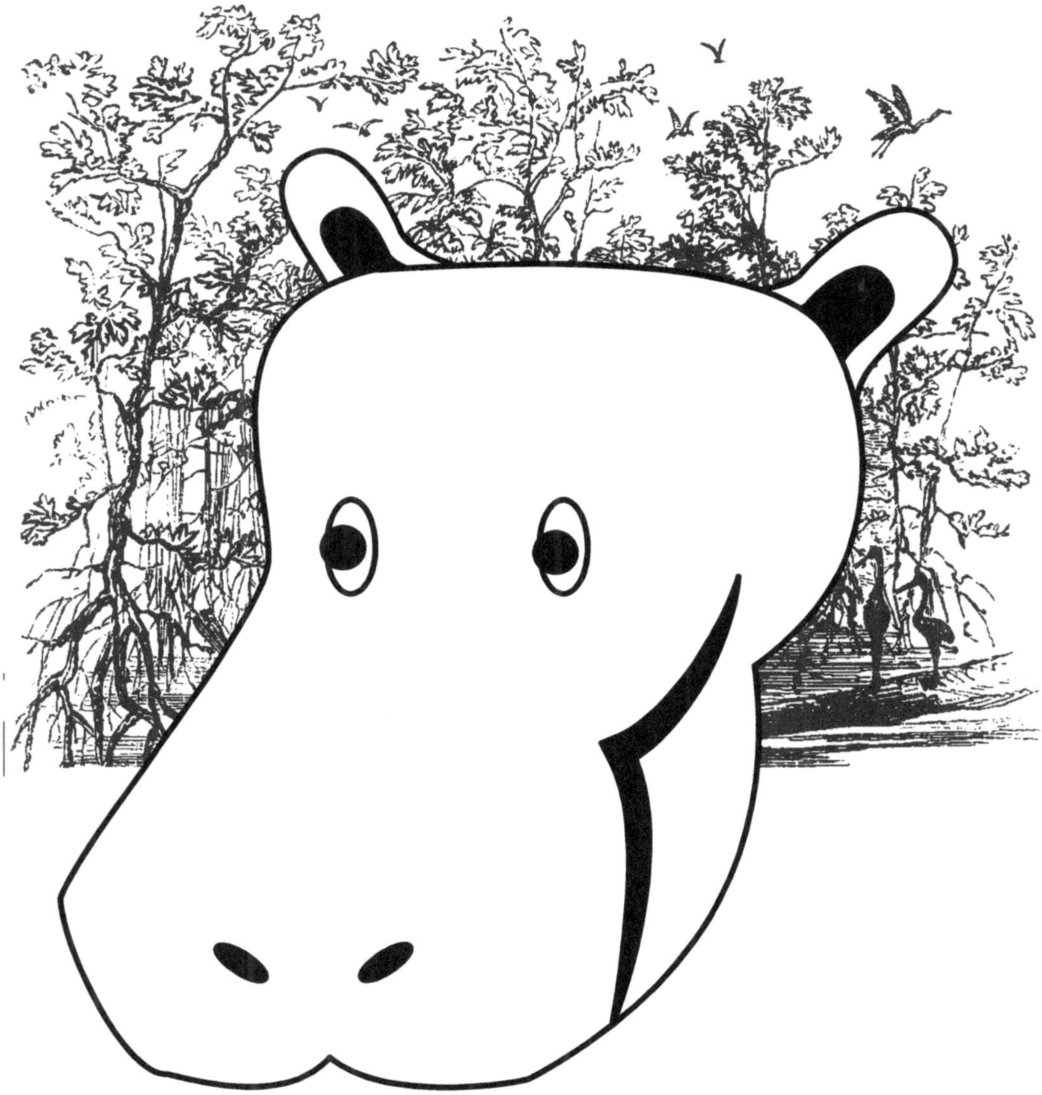

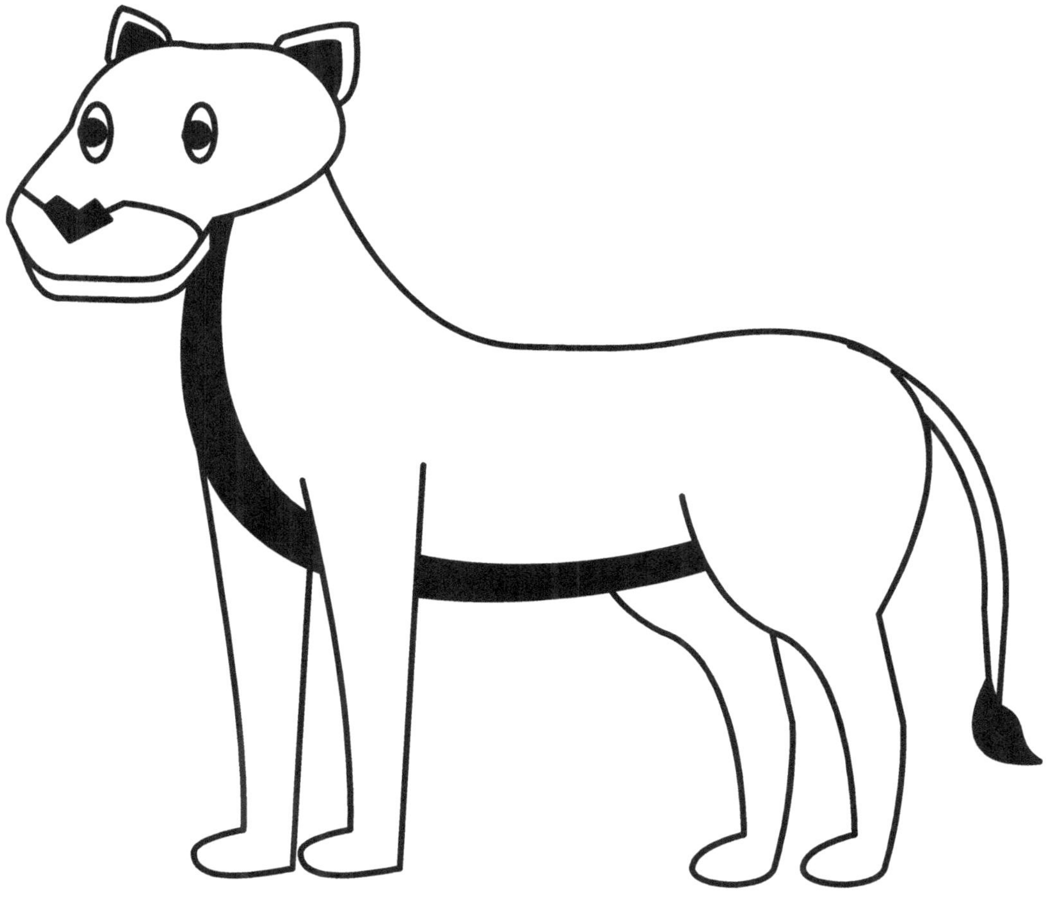

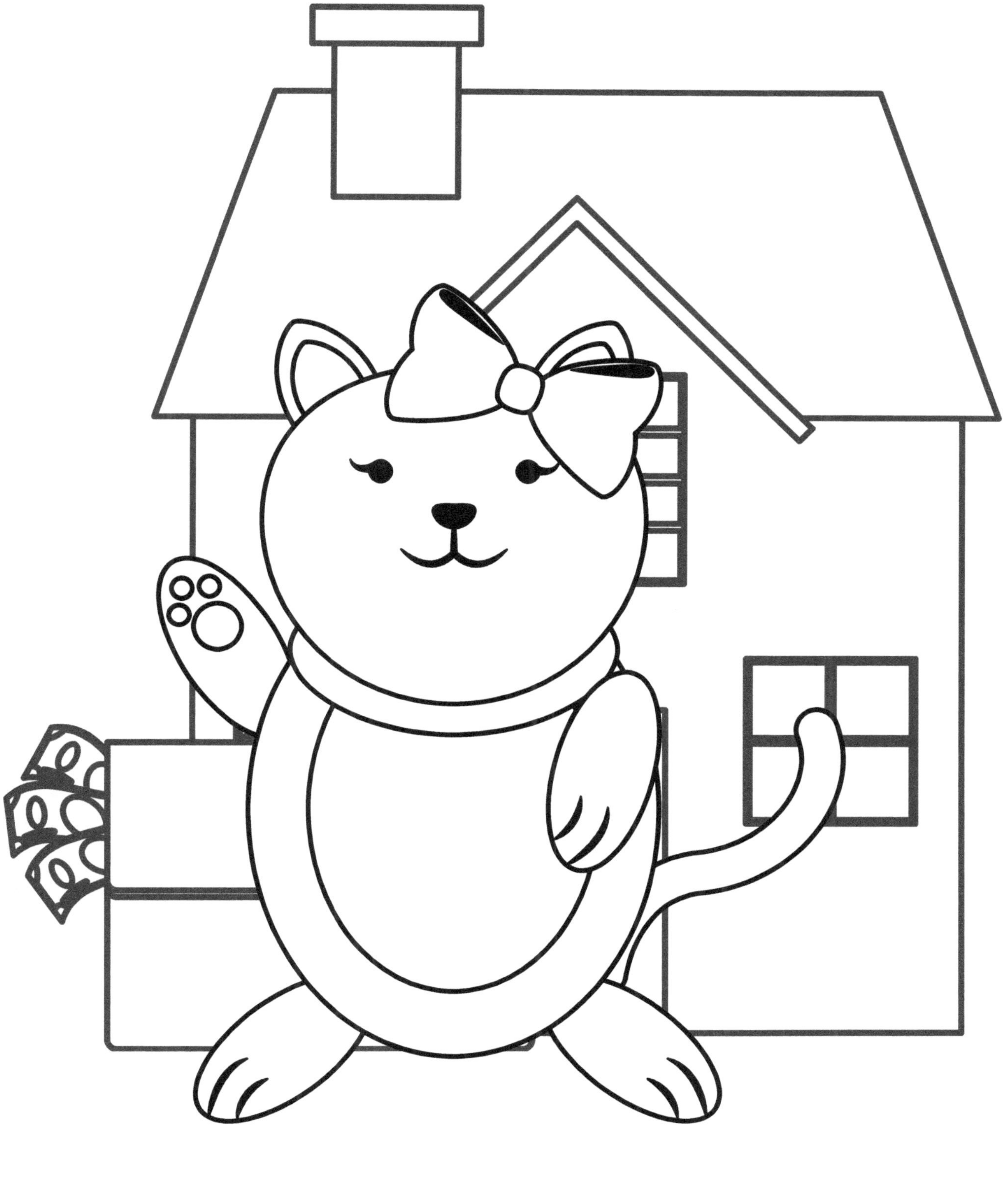

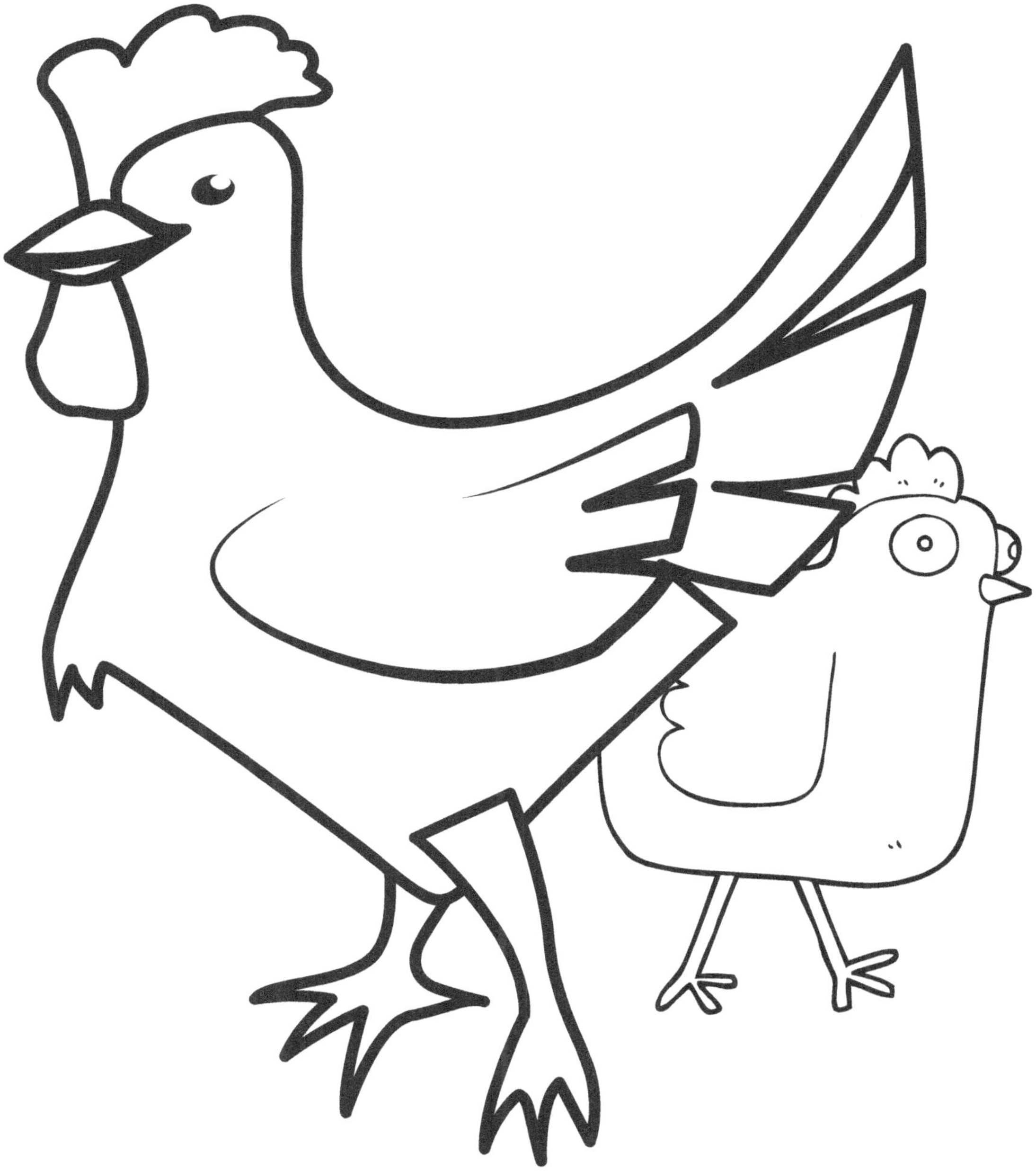

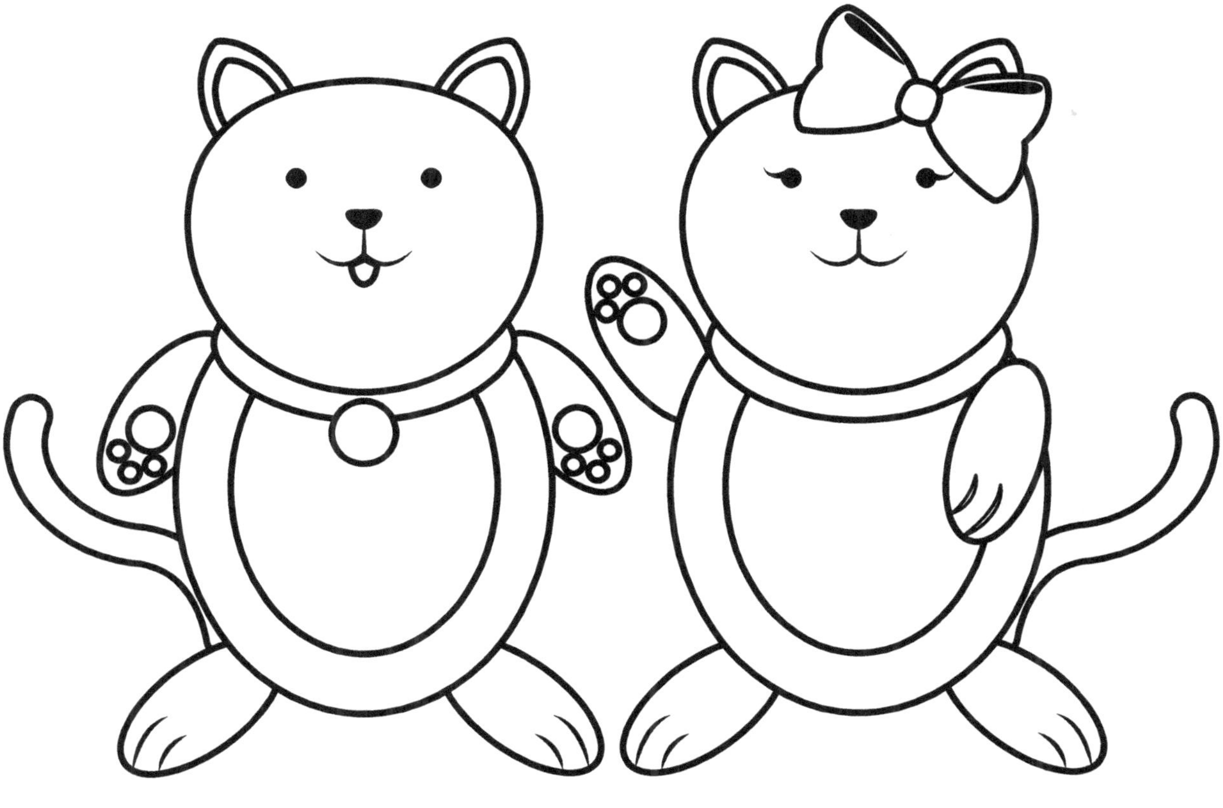

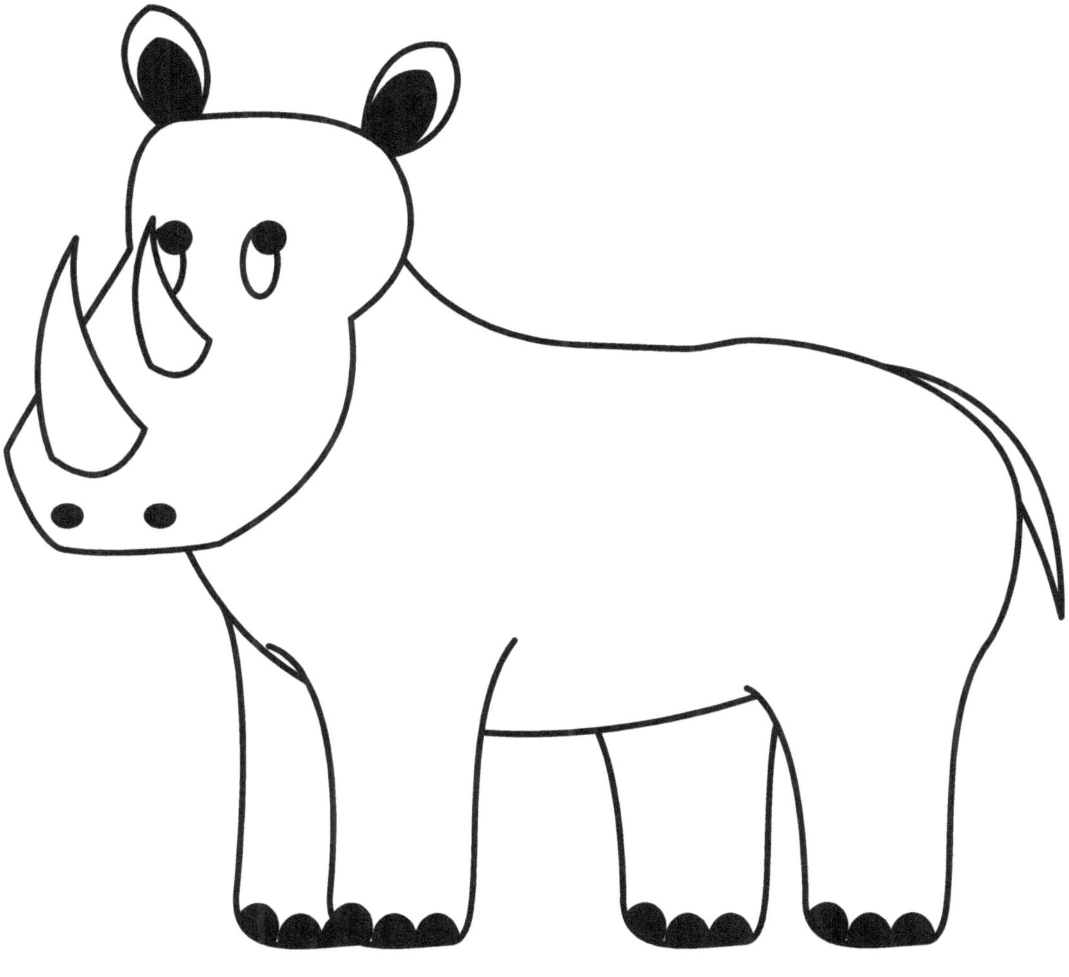

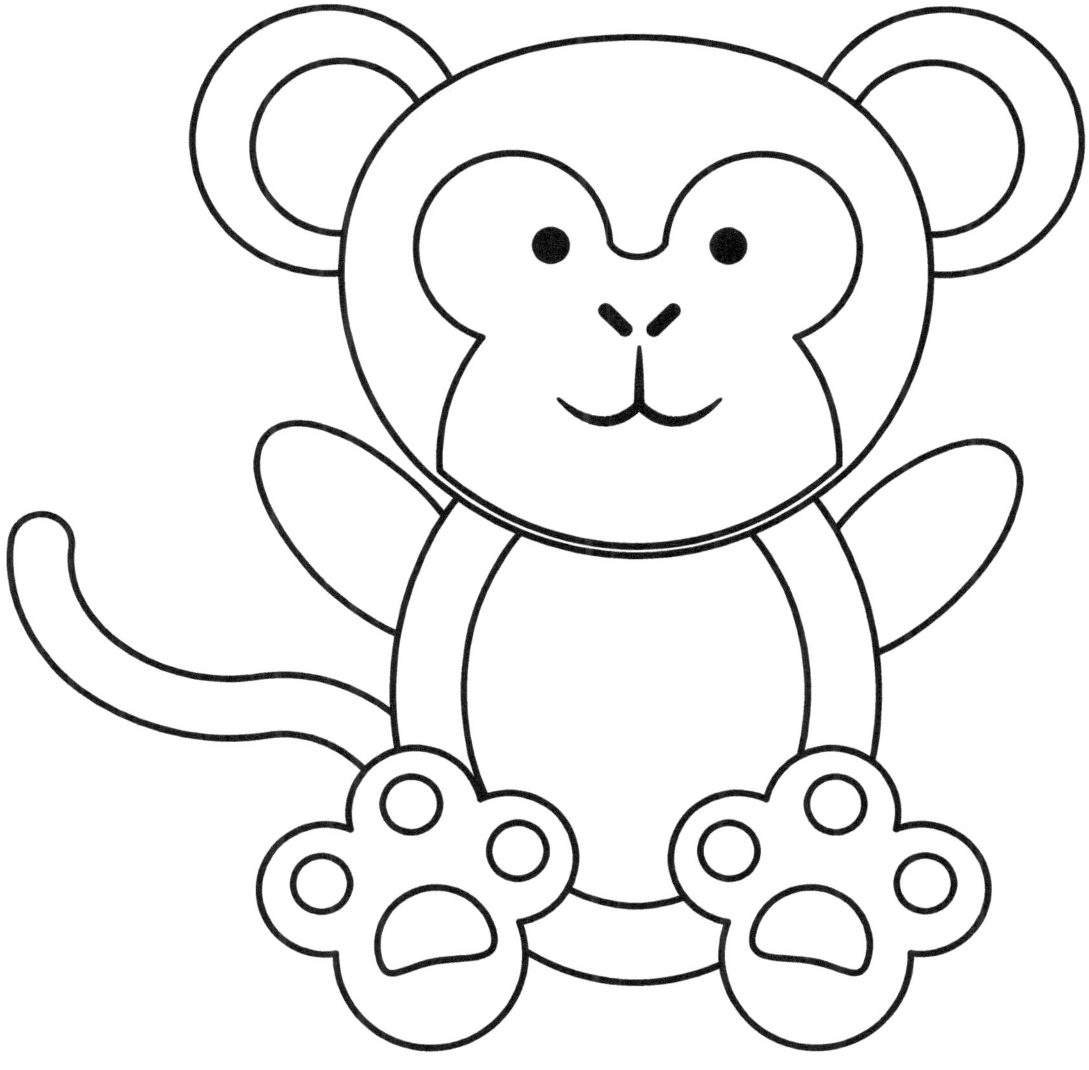

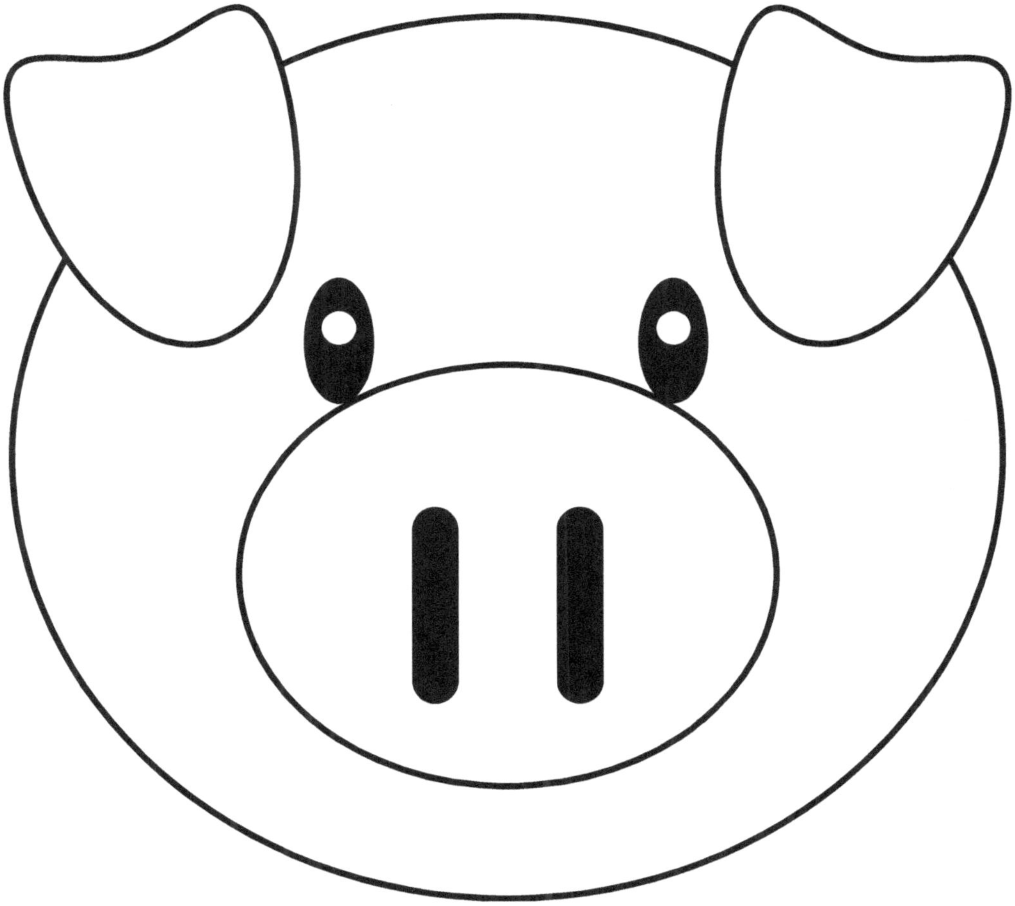

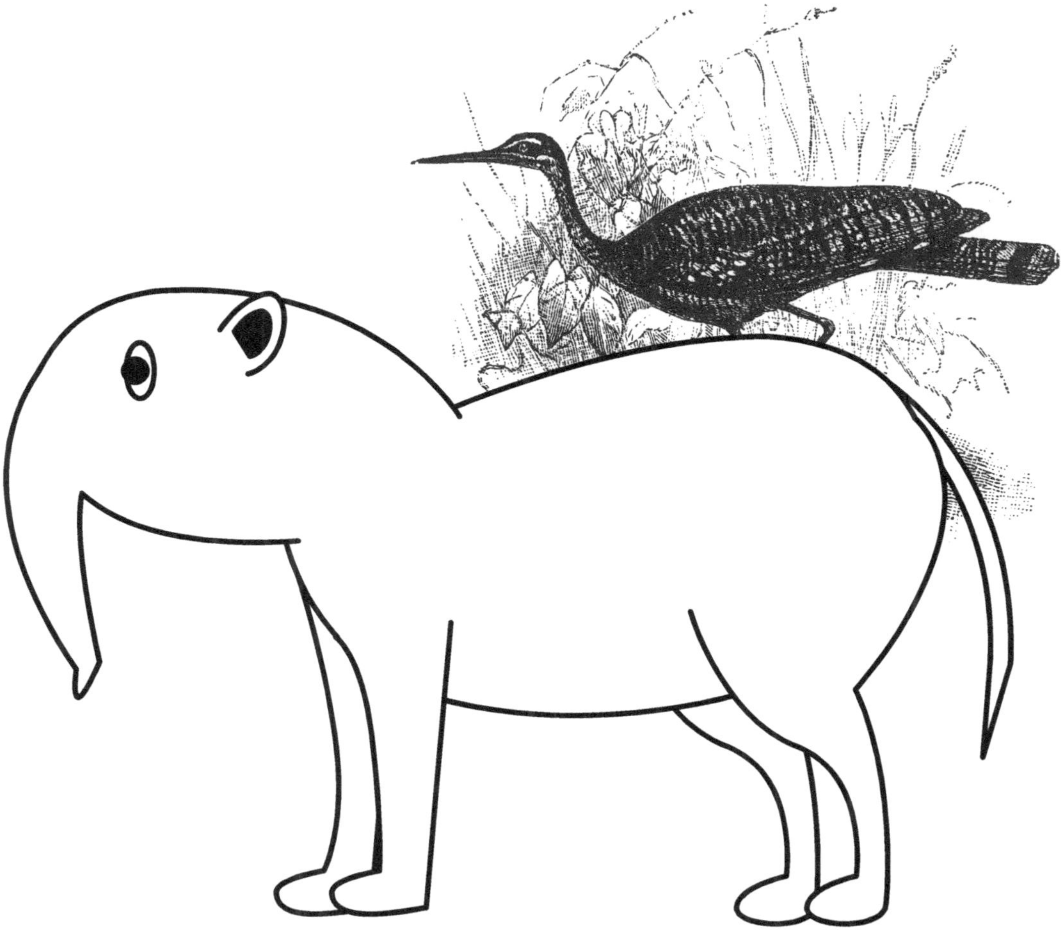

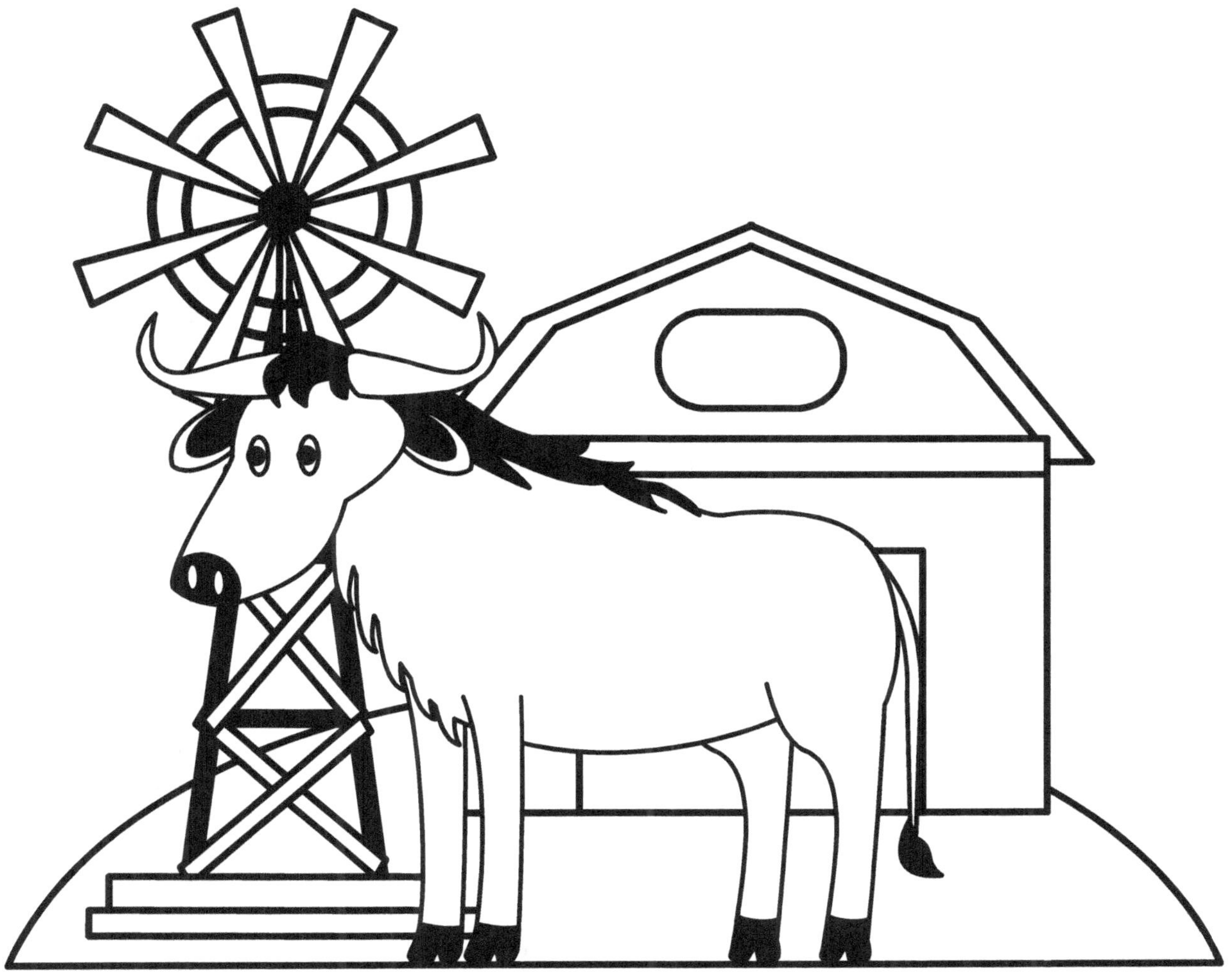

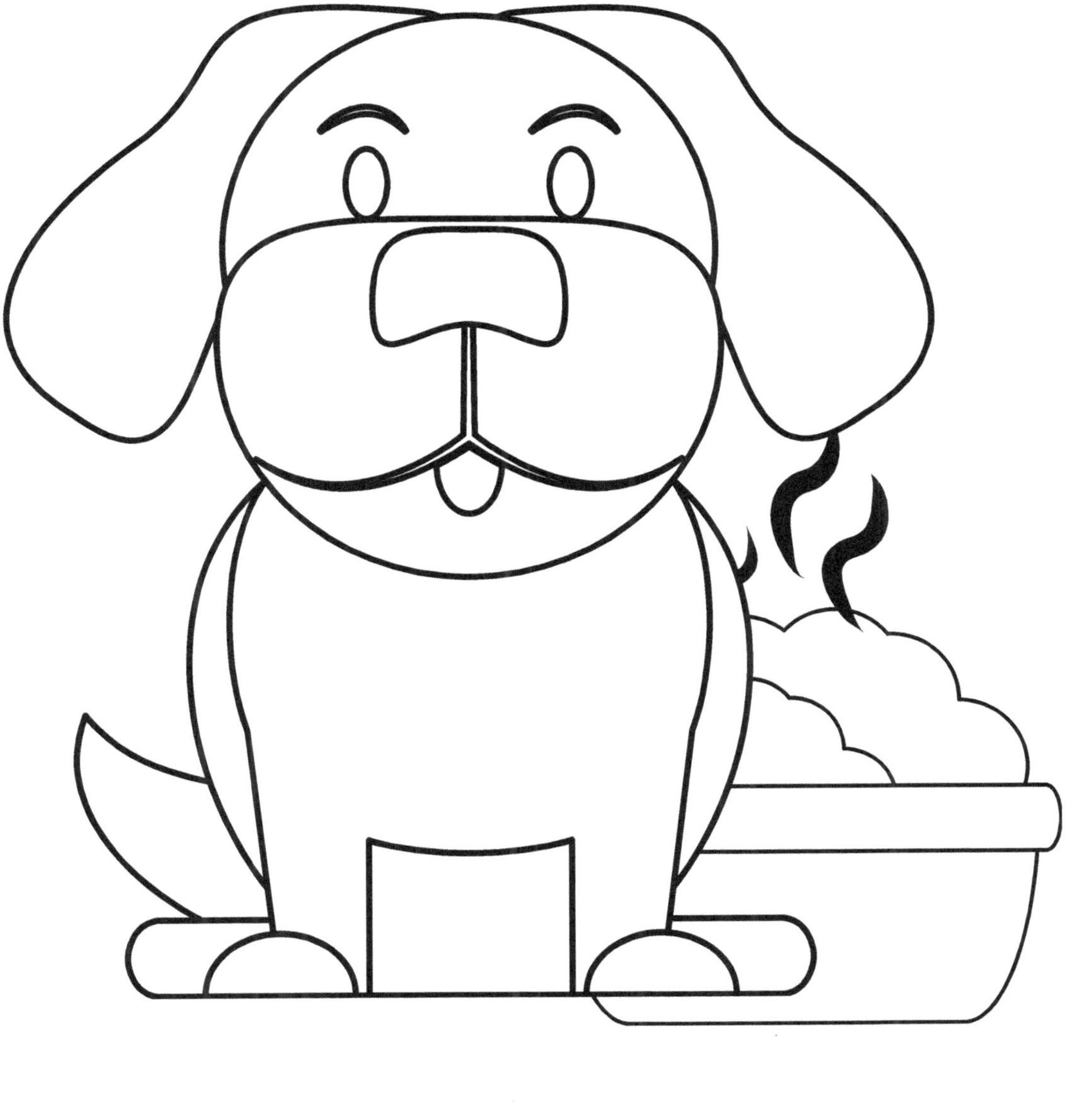

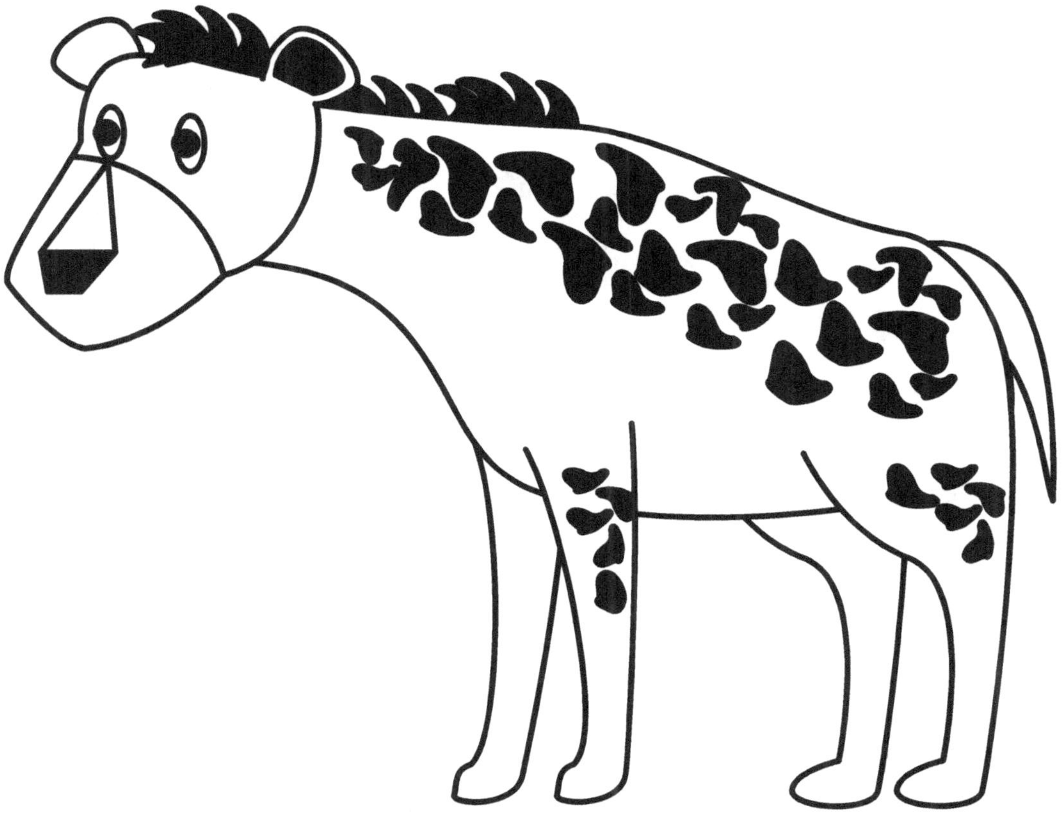

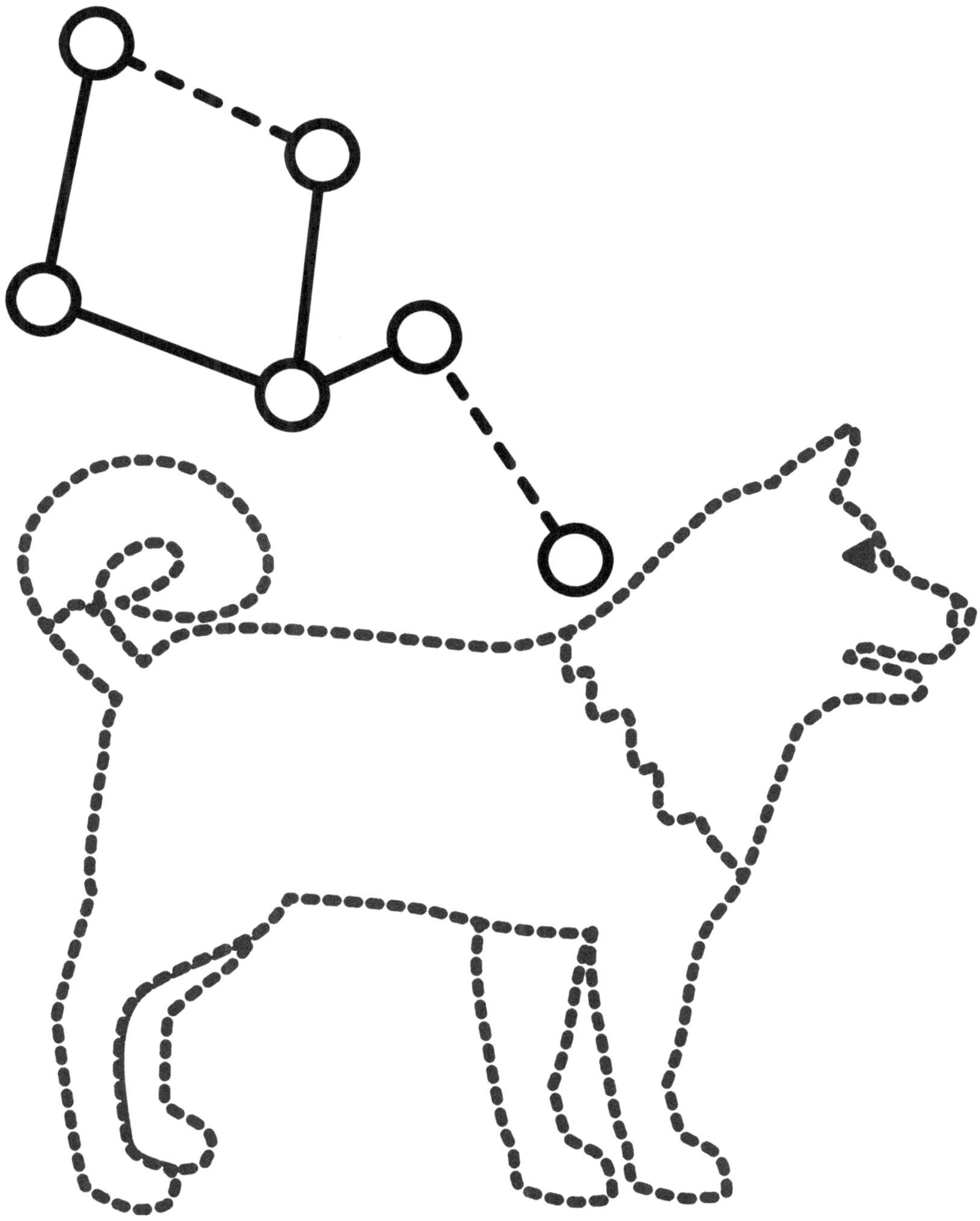

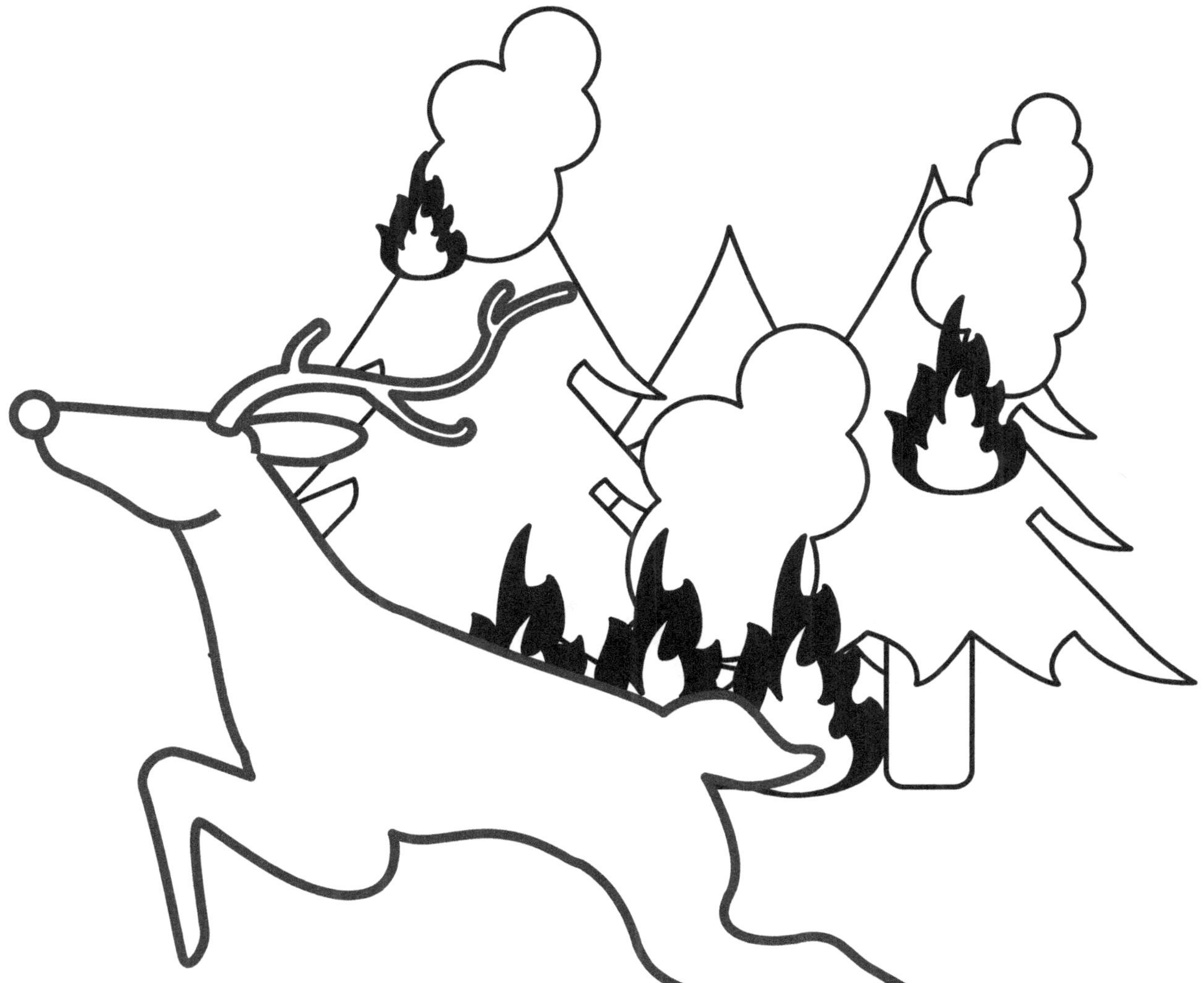

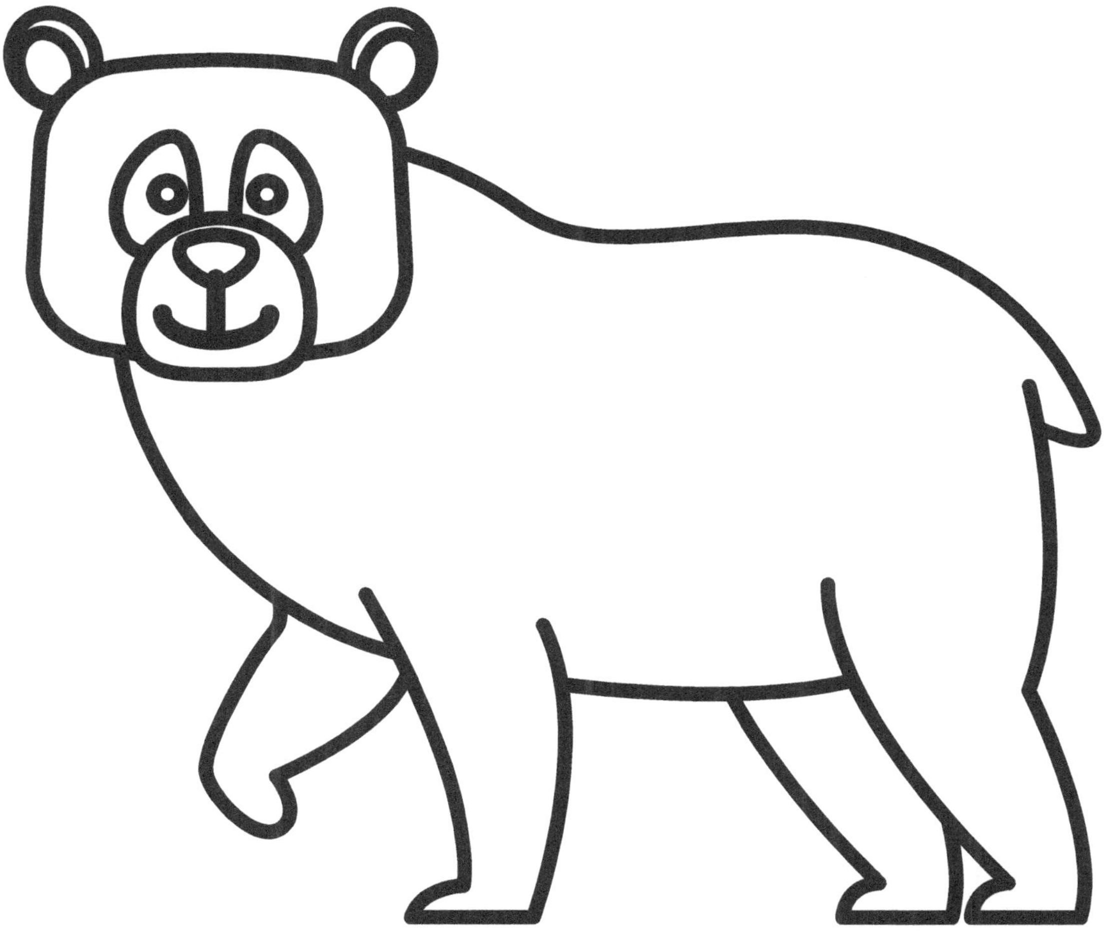

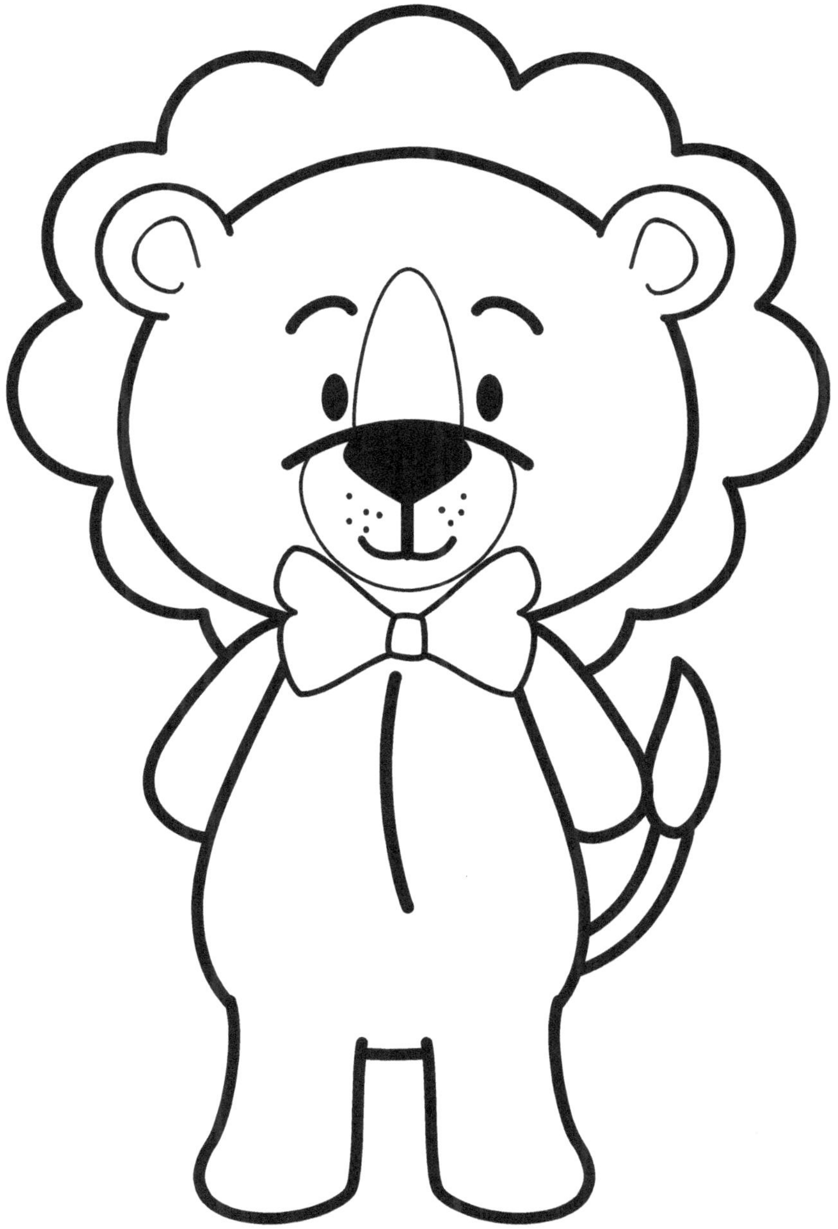

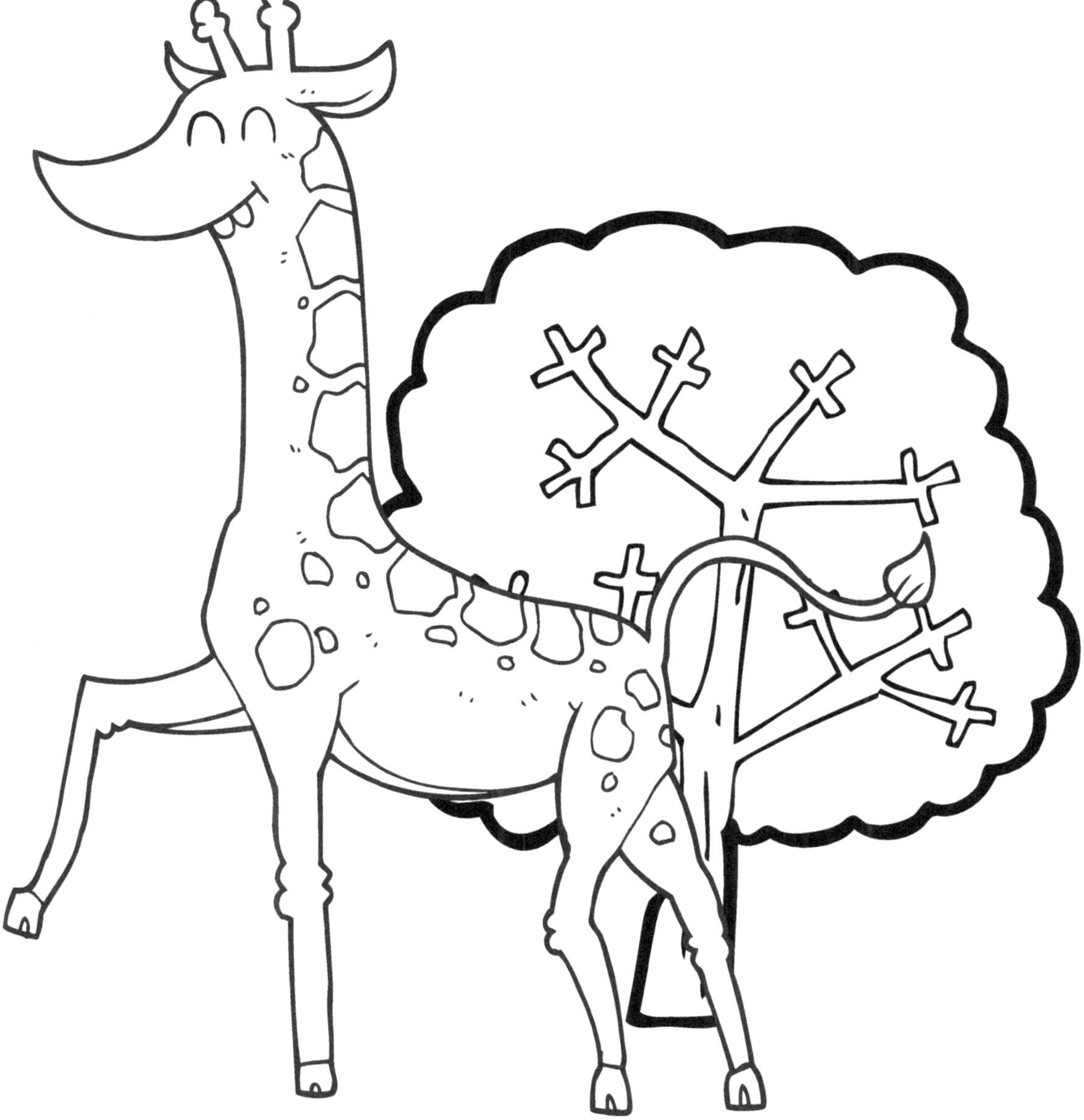

www.ingramcontent.com/pod-product-compliance
Lightning Source LLC
Chambersburg PA
CBHW080622220526
45466CB00010B/3425
* 9 7 9 8 5 5 4 8 3 8 5 6 9 *